AF312170

COLLECTION CRÉMIÈRE

ILLUSTRATIONS CONTEMPORAINES

REVUE PHOTOGRAPHIQUE, AVEC NOTICES

PREMIÈRE LIVRAISON

MLLE CHRISTINE NILSSON

PRIX DE CHAQUE LIVRAISON

contenant une photographie sur quart jésus, avec biographie

2 fr. 50 c.

PARIS

AUX BUREAUX DU CENTAURE, PHOTOGRAPHIE DE LA MAISON DE L'EMPEREUR

28, rue de Laval, 28

1868

MLLE NILSSON

CHRISTINE NILSSON est de taille moyenne, mais svelte et admirablement proportionnée; elle paraît plus grande qu'elle n'est réellement. Ses cheveux, d'un blond pâle, ajoutent encore à la teinte mélancolique que donne à son gracieux visage un regard fier et doux à la fois, comme perdu dans l'infini : son œil est bleu avec des reflets d'acier irisé, un peu enfoncé sous un sourcil arqué. Sa physionomie mobile se prête facilement à toutes les expressions, à la scène du brindisi, de *Violetta*, aussi bien qu'aux accents passionnés du second acte et aux larmes déchirantes de la fin. Quelle grâce dans *Martha*, la joyeuse enfant du marché de Richmond ! Londres seul a pu applaudir Mlle Nilsson dans le *Faust* de Gounod ; toujours, dans tous ses rôles, cette douce teinte de mélancolie marque d'un charme incomparable et comme d'un cachet personnel et poétique chaque parole, chaque mouvement, chaque intonation. Son intelligence scénique est complète, le rôle d'Ophélie, qu'elle seule pouvait remplir, nous l'a enfin montrée dans la plénitude de son talent.

La voix de Mlle Nilsson est des plus étendues ; c'est ce que les Italiens nomment un *soprano sfogato*. Ses débuts dans *Violetta* ont fait sentir la valeur d'un médium remarquable ; un peu plus tard, on appréciait avec surprise la justesse et l'étonnante vigueur des notes aiguës dans l'air de la reine de la nuit de *la Flûte enchantée*, que depuis longtemps aucune chanteuse n'avait pu aborder sans le transposer.

Christine Nilsson est née en Suède, dans l'ancienne province de Smœland, non loin de Kalmar. Dans ce pays, où l'instruction est plus répandue qu'en France, Christine, quoique fille de simples paysans, reçut un commencement d'éducation qu'elle compléta plus tard, en même temps que ses études musicales. Dès l'âge le plus tendre, ses dispositions pour la musique furent telles qu'elle apprit elle-même à accompagner son chant d'un petit violon dont elle jouait à ravir. A sept ans, une grande dame des environs lui proposa en vain de l'emmener pour lui apprendre le chant : l'enfant refusa de quitter sa mère. A l'âge de treize ans seulement, un riche propriétaire voisin la conduisit à Gothembourg, chez la baronne de L***, ancienne cantatrice, qui lui donna les premiers éléments de la science musicale. Plus tard, élève du professeur suédois Franz Berwald, elle chanta devant la famille royale, à Stockholm, plusieurs mélodies nationales, avec un succès auquel ne le céda en rien le concerto de violon qu'elle joua ensuite ; Franz Berwald n'avait pas, en effet, négligé ce talent chez sa jeune élève, qu'il vit partir avec regret lorsque M⁰ᵉ de L*** la conduisit à Paris, achever son éducation dans une des meilleures institutions de France. En même temps que divers professeurs en faisaient une femme accomplie, M. Wartel achevait son éducation musicale pour la confier à M. Carvalho. Londres nous l'enlevait pendant quelques mois d'été et l'accueillait avec une telle faveur, qu'en 1867, lors du grand festival de Birmingham, ce fut elle qu'on appela tout exprès de Paris pour chanter le *Judas Macchabée* d'Haëndel ; la musique sacrée convenait spécialement à ce large style, à ces notes tour à tour vibrantes ou voilées, comme empreintes d'une certaine grâce mystique. Le succès de Nilsson fut comparable à celui qu'avait jadis obtenu Jenny Lind en Angleterre. Enfin l'Opéra et M. Ambroise Thomas consacraient ses titres de *prima donna assoluta* par la splendide création d'Ophélie, que Mˡˡᵉ Nilsson enlevait avec un triomphe tel qu'en ont rarement obtenu les artistes les plus célèbres.

Ce qui frappe surtout à première vue chez la jeune artiste, c'est une simplicité fière que relève encore sa dignité naturelle. Vêtue de blanc, c'est la Velléda que nous admirions au Luxembourg ; c'est plutôt encore une de ces belles prêtresses d'Odin qui, debout sur les nefs scandinaves, imploraient le dieu des tempêtes ou chantaient les exploits de leurs héros, le regard perdu dans les brumes arctiques, rhythmant leur chant sur les grands bruits de la mer, quand les guerriers du Nord quittaient leurs rivages glacés pour conquérir gloire et butin sous un ciel plus clément.

Mˡˡᵉ Nilsson habite un charmant appartement de la rue de Rivoli, près des Tuileries. Sa modestie égale son talent ; quelques personnes, se disant bien informées, prétendent même qu'elle attend avec impatience le moment de se dérober aux triomphes du théâtre pour aller vivre dans le calme, loin des séductions de l'art et des bravos d'un public idolâtre.

P. Norabel.

Paris. — Typographie Hennuyer et fils, rue du Boulevard, 7.

MLLE CHRISTINE NILSSON

MLLE NILSSON

CHRISTINE NILSSON est de taille moyenne, mais svelte et admirablement proportionnée; elle paraît plus grande qu'elle n'est réellement. Ses cheveux, d'un blond pâle, ajoutent encore à la teinte mélancolique que donne à son gracieux visage un regard fier et doux à la fois, comme perdu dans l'infini : son œil est bleu avec des reflets d'acier irisé, un peu enfoncé sous un sourcil arqué. Sa physionomie mobile se prête facilement à toutes les expressions, à la scène du brindisi, de *Violetta*, aussi bien qu'aux accents passionnés du second acte et aux larmes déchirantes de la fin. Quelle grâce dans Martha, la joyeuse enfant du marché de Richmond ! Londres seul a pu applaudir Mlle NILSSON dans le *Faust* de Gounod ; toujours, dans tous ses rôles, cette douce teinte de mélancolie marque d'un charme incomparable et comme d'un cachet personnel et poétique chaque parole, chaque mouvement, chaque intonation. Son intelligence scénique est complète, le rôle d'Ophélie, qu'elle seule pouvait remplir, nous l'a enfin montrée dans la plénitude de son talent.

La voix de Mlle NILSSON est des plus étendues; c'est ce que les Italiens nomment un *soprano sfogato*. Ses débuts dans *Violetta* ont fait sentir la valeur d'un médium remarquable; un peu plus tard, on appréciait avec surprise la justesse et l'étonnante vigueur des notes aiguës dans l'air de la reine de la nuit de *la Flûte enchantée*, que depuis longtemps aucune chanteuse n'avait pu aborder sans le transposer.

CHRISTINE NILSSON est née en Suède, dans l'ancienne province de Smœland, non loin de Kalmar. Dans ce pays, où l'instruction est plus répandue qu'en France, CHRISTINE, quoique fille de simples paysans, reçut un commencement d'éducation qu'elle compléta plus tard, en même temps que ses études musicales. Dès l'âge le plus tendre, ses dispositions pour la musique furent telles qu'elle apprit elle-même à accompagner son chant d'un petit violon dont elle jouait à ravir. A sept ans, une grande dame des environs lui proposa en vain de l'emmener pour lui apprendre le chant : l'enfant refusa de quitter sa mère. A l'âge de treize ans seulement, un riche propriétaire voisin la conduisit à Gothembourg, chez la baronne de L***, ancienne cantatrice. qui lui donna les premiers éléments de la science musicale. Plus tard, élève du professeur suédois Franz Berwald, elle chanta devant la famille royale, à Stockholm, plusieurs mélodies nationales, avec un succès auquel ne le céda en rien le concerto de violon qu'elle joua ensuite ; Franz Berwald n'avait pas, en effet, négligé ce talent chez sa jeune élève, qu'il vit partir avec regret lorsque Mme de L*** la conduisit à Paris, achever son éducation dans une des meilleures institutions de France. En même temps que divers professeurs en faisaient une femme accomplie, M. Wartel achevait son éducation musicale pour la confier à M. Carvalho. Londres nous l'enlevait pendant quelques mois d'été et l'accueillait avec une telle faveur, qu'en 1867, lors du grand festival de Birmingham, ce fut elle qu'on appela tout exprès de Paris pour chanter le *Judas Macchabée* d'Haëndel ; la musique sacrée convenait spécialement à ce large style, à ces notes tour à tour vibrantes ou voilées, comme empreintes d'une certaine grâce mystique. Le succès de NILSSON fut comparable à celui qu'avait jadis obtenu Jenny Lind en Angleterre. Enfin l'Opéra et M. Ambroise Thomas consacraient ses titres de *prima donna assoluta* par la splendide création d'Ophélie, que Mlle NILSSON enlevait avec un triomphe tel qu'en ont rarement obtenu les artistes les plus célèbres.

Ce qui frappe surtout à première vue chez la jeune artiste, c'est une simplicité fière que relève encore sa dignité naturelle. Vêtue de blanc, c'est la Velléda que nous admirions au Luxembourg ; c'est plutôt encore une de ces belles prêtresses d'Odin qui, debout sur les nefs scandinaves, imploraient le dieu des tempêtes ou chantaient les exploits de leurs héros, le regard perdu dans les brumes arctiques, rhythmant leur chant sur les grands bruits de la mer, quand les guerriers du Nord quittaient leurs rivages glacés pour conquérir gloire et butin sous un ciel plus clément.

Mlle NILSSON habite un charmant appartement de la rue de Rivoli, près des Tuileries. Sa modestie égale son talent ; quelques personnes, se disant bien informées, prétendent même qu'elle attend avec impatience le moment de se dérober aux triomphes du théâtre pour aller vivre dans le calme, loin des séductions de l'art et des bravos d'un public idolâtre.

P. NORABEL.

Paris. — Typographie Henry et fils, rue du Boulevard, 7.

MLLE ADELINA PATTI

ADELINA PATTI

Les poëtes l'ont chantée! les rois l'ont applaudie! les peuples l'ont acclamée! les capitales
de l'ancien et du nouveau monde se la disputent et lui prodiguent à l'envi les couronnes et les
fleurs! Devant un tel modèle, comment ne pas dépasser les limites si restreintes de notre
cadre? comment se borner à la sèche concision d'un article du Dictionnaire des contemporains?

ADELINA PATTI est de taille svelte et mignonne; sa démarche est gracieuse et légère, l'expression du visage est habituellement rêveuse. Les cheveux sont noirs, longs et soyeux, le front
légèrement bombé; le sourcil arqué et fourni donnerait à l'ensemble de la physionomie une
apparence trop sévère, sans le reflet brillant d'un œil brun foncé, presque noir, large et
profond. Les lèvres sont fines et rouges, le menton saillant. Le geste est sobre dans le drame, vif
et naturel dans le genre bouffe, toujours plein de justesse et d'individualité. La facilité musicale est prodigieuse : en quelques jours une partition est apprise, un rôle entier est étudié.
La voix est peut-être le soprano le plus complet que l'on ait entendu, montant du *si* grave
au *fa* aigu, sans le moindre effort, avec une égalité parfaite de toutes les notes.

La PATTI a essayé tous les genres, la Zerline du *Barbier*, comme la Gilda de *Rigoletto* et la
Marguerite de *Faust*. La *Sonnambula* lui a valu son premier, son plus grand succès Cet
opéra servit à son début, le 17 novembre 1862, au théâtre Italien de Paris, et ce fut toujours depuis son rôle favori, comme il avait été celui des Persiani, des Sontag et des Malibran;
mais elle a chanté, soit à Paris, soit à Londres ou en Amérique : *Lucie, Don Giovanni, Marta,*
l'*Elisir*, la *Traviata*, la *Fille du régiment, Don Pasquale*, la *Gazza ladra, Semiramide, Il Trovatore,*
Ernani, la *Linda*, les *Puritains, Moïse*, l'*Étoile du Nord, Faust,* le *Pardon de Ploërmel, Don*
Desiderio, Roméo et Juliette, et tout récemment *Giovanna d'Arco*. Sa fine nature d'artiste rend
d'ailleurs avec un bonheur inouï les nuances les plus délicates. Je n'oublierai jamais le charme
avec lequel, au concert de Lille, en août 1867, elle chanta devant Leurs Majestés la jolie romance
de Mme de Rotschild :

Si vous n'avez rien à me dire,
Pourquoi me pressez-vous la main ?

ADELINA est née à Madrid, le 19 février 1843. Son père, Salvator Patti, chanteur de mérite,
avait épousé Mme Barilli, alors fort connue sur les scènes lyriques italiennes. En 1847, les époux

quittèrent Madrid pour l'Italie, et dès 1848 partirent pour l'Amérique, engagés par le directeur du théâtre de New-York, Maurice Strakosch, qui plus tard devint le mari d'Amelia Patti.

Dès l'âge de cinq ans, se manifestaient chez l'enfant ces dispositions exceptionnelles pour la musique qui devaient plus tard en faire la première chanteuse du siècle. Son beau-frère, excellent musicien, apprécia tout aussitôt à sa juste valeur cette nature artistique, et chaque soir, au théâtre, il lui faisait entendre les chefs-d'œuvre des maîtres, exécutés par les chanteurs les plus habiles de l'époque. Rentrée à la maison, l'enfant les imitait avec une exactitude, avec un goût parfaits. A huit ans, elle savait par cœur tous les airs du répertoire. Vers cette époque, l'Alboni émerveillée lui prédisait un grand avenir, et bientôt ADELINA débutait dans un concert, montée sur une table, sa poupée entre les bras. Il serait trop long de la suivre dans toutes les villes d'Amérique où M. Strakosch organisa des concerts. Partout on l'accueillait avec enthousiasme. A treize ans, sa carrière aventureuse l'avait déjà conduite aux Antilles. A bord du bateau qui la portait, les matelots oubliaient volontiers la manœuvre pour l'écouter, et peu s'en fallut, que rivale des sirènes de Caprée, elle ne causât la perte du navire. En 1856, elle revint à New-York, après avoir chanté dans plus de trois cents concerts ; mais, jusqu'en 1859, elle ne parut plus en public et se consacra tout entière aux études les plus sérieuses. Le 24 novembre 1859, elle débuta à New-York dans *Lucie*, avec un magnifique succès. En 1861, elle chanta pour la première fois à Londres, d'où elle se rendit à Madrid, puis à Vienne et enfin à Paris, précédée d'une immense réputation.

Ses débuts aux Italiens eurent lieu, comme nous l'avons dit, dans la *Sonnambula*, et chacun a pu suivre dès lors les différents aspects de ce talent hors ligne, déjà à cette époque si rapproché de la perfection. Depuis deux ans, la PATTI semble affectionner spécialement les rôles dramatiques. C'est à son instigation que M. Bagier a monté récemment la *Giovanna d'Arco* de Verdi, sujet d'un nouveau triomphe pour la grande artiste. Son aptitude étonnante à s'assimiler tous les caractères lui fera peut-être égaler un jour les plus célèbres illustrations du drame lyrique, la Pasta et la Cruvelli.

A la fin de chaque saison d'hiver, notre théâtre Italien perd son étoile, qui s'enfuit à Londres ou à Pétersbourg :

> Les lilas sont en fleurs ; adieu, chants et sourire !
> Comme l'oiseau léger, la PATTI prend son vol :
> Adieu, belle diva ! qui donc oserait dire
> Que vous fuyez devant le rossignol ?...

P. NORABEL.

Paris. — Typographie Hennuyer et fils, rue du Boulevard, 7.

MLLE GABRIELLE KRAUSS

COLLECTION CRÉMIÈRE

PHOTOGRAPHE DE LA MAISON DE L'EMPEREUR

28, RUE DE LAVAL, 28

MLLE KRAUSS

Joindre à un sentiment passionné de l'art dramatique une connaissance parfaite de toutes les difficultés du chant ; être naturellement douée des moyens d'exécution les plus complets ; se pénétrer des intentions du musicien et du librettiste ; les rendre avec justesse par la pantomime et l'expression de la physionomie, tout en les rehaussant des immenses ressources du rhythme et de l'harmonie ; s'identifier au personnage du rôle tragique, et, malgré cela, demeurer esclave de toutes les exigences de la mesure ; fondre ces qualités si diverses en un ensemble tour à tour harmonieux ou heurté ; en résumé, posséder réunies la science de la tragédienne et celle de la cantatrice, telles sont les qualités nécessaires à la chanteuse dramatique Imaginons chez Rachel la voix de la Pasta ou de l'Alboni, et nous aurons rêvé le sublime du genre. Aussi les véritables chanteuses de drame lyrique sont-elles rares, et depuis la Cruvelli personne n'a approché de notre idéal.

Je n'oserais dire que Mlle KRAUSS atteigne cette perfection, mais elle est certainement la meilleure cantatrice que possède en ce moment le répertoire dramatique. L'actrice est remarquable, en même temps que la musicienne est excellente. Les cordes de la voix, tantôt caressantes comme une mélodie lointaine, tantôt stridentes comme un sifflement de serpent, vibrant tout à coup en explosions de fureur ou de passion, rendent avec vérité les accents les plus divers ; c'est une des artistes, malheureusement si rares, qui tiennent toute une salle en suspens et la font frissonner d'enthousiasme. Le Théâtre-Italien la possède depuis deux saisons : elle a débuté avec succès à Paris en 1867, dans le *Trovatore*. Ses meilleurs rôles sont le *Ballo in maschera*, la *Lucrezia*, *Don Giovanni*. On l'a particulièrement remarquée dans le *Templario* de Nicolaï, bien que cet ouvrage ait été, d'ailleurs, peu goûté à Paris.

GABRIELLE KRAUSS est née à Vienne, en 1842. Son père occupait une position honorable dans un ministère : elle suivit de bonne heure les cours du Conservatoire de Vienne et devint une des meilleures élèves de Mme Marchesi. Comme Paris, Vienne donne souvent raison au proverbe : « *Nul n'est prophète en son pays.* » L'esprit de dénigrement naturel au caractère français et qui nous rend souvent injustes envers les artistes sortant du Conservatoire, existe aussi chez les Allemands, malgré leur caractère moins enthousiaste et plus froidement appréciateur ; à de rares exceptions près, les lauréats du Conservatoire doivent se faire une réputation à l'étranger avant de réussir dans la capitale. Mlle KRAUSS donna un éclatant démenti au dicton populaire : elle remporta chaque année les premiers prix de chant, de solfége et de déclamation ; avant la fin de ses études, elle était engagée à l'Opéra de Vienne, dont le directeur dut l'autoriser à continuer ses études au Conservatoire et à passer, à la fin de la sixième année, l'examen qui lui assura son dernier grand prix et la grande médaille d'honneur, récompense suprême réservée au sujet qui, pendant le temps réglementaire d'études, a obtenu chaque année tous les premiers prix. L'engagement, contracté en 1859 aux appointements de 1,200 florins, fut porté à 4.000 dès la même année, et successivement, les années suivantes, à 7,000, 10,000 et 13,000 florins. Elle joua en Autriche tout le répertoire, sa voix très-étendue lui permettant de chanter le *mezzo soprano* avec la même facilité que le *soprano*. Pendant plusieurs mois, par indisposition des autres *prime donne*, la vaillante jeune fille resta seule première chanteuse et dut jouer jusqu'à cinq fois par semaine. Peut-être se ressent-elle de ces fatigues, car sa voix un peu voilée a déjà perdu de sa vigueur, mais on oublie facilement cette légère imperfection devant l'excellence de sa méthode ; la diction est pure et vibrante : mieux que personne elle fait valoir le récitatif. Malgré sa fougue toute dramatique, elle a puisé à l'école allemande un respect entier du texte des maîtres, une soumission parfaite à la mesure, qui facilitent singulièrement la tâche de l'orchestre, qualités bien rares aujourd'hui.

GABRIELLE KRAUSS est de haute stature ; ses traits caractérisés sont énergiques et fiers ; son œil, très-vif, est ombragé d'un sourcil chatain foncé, presque droit. Son opulente chevelure, sa bouche aux lèvres un peu fortes, son teint pâle, conviennent parfaitement au physique de son emploi ; sa physionomie, distinguée et calme dans la vie habituelle, s'anime au théâtre des tons les plus chauds. C'est une artiste sérieuse et convaincue, que nous serons heureux de revoir et d'applaudir aux Italiens pendant la saison prochaine et peut-être ensuite à l'Opéra.

Paris, 10 mai 1868.

P. NORABEL.

Paris. — Typographie Renouard et fils, rue du Boulevard, 7.

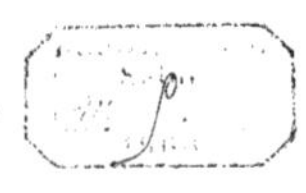

MLLE SAROLTA DE BUJANOVICS

COLLECTION CRÉMIÈRE

PHOTOGRAPHE DE LA MAISON DE L'EMPEREUR

28, RUE DE LAVAL, 28

Mˡˡᵉ SAROLTA DE BUJANOVICS *

Pendant l'hiver de 1861, apparut au Théâtre-Italien une jeune fille, de dix-sept ans à peine, dont la voix charmante et le talent déjà remarquable obtinrent toutes les sympathies. Uné fois seulement elle chanta *Leonora* du *Trouvère*, et tous les critiques lui accordèrent leurs éloges. Mais les cadres du théâtre étaient complets, on avait à respecter quelques susceptibilités : M. Calzado hésita; survint le directeur du théâtre de la Reine, à Londres, et Mˡˡᵉ SAROLTA DE BUJANOVICS passa la Manche.

Bien accueillie en Angleterre, elle n'y resta cependant qu'une saison, et parut dans la *Traviata*, *Don Giovanni* et le *Ballo in maschera* : esclave de l'art plus que du succès, plus difficile envers elle-même que le public qui l'applaudissait chaque soir, elle résolut de parfaire son éducation musicale, et partit pour Florence réclamer les conseils de l'illustre professeur Romani, auquel nous devons la Pasta, la Malibran, la Grisi, Mario et tant d'autres grands chanteurs. Déjà riche et célèbre, Romani n'admettait qu'un très-petit nombre d'élèves, et seulement ceux qu'il pensait devoir faire honneur à sa réputation. A peine eut-il entendu la jeune artiste dire une simple barcarolle napolitaine, qu'ému, charmé, il la serra dans ses bras, lui prédit une brillante renommée, et ne cessa de lui prodiguer ses leçons qu'au moment où elle fut engagée au théâtre San Carlo, à Naples.

L'Italie retint encore la SAROLTA pendant deux années, puis, comme un brillant météore, partout triomphante et fêtée, elle parcourut le monde, chantant à Madrid, à Bruxelles, et une seconde fois à Londres. A Copenhague, l'enthousiasme ne connut pas de bornes. Chaque soir roulait autour d'elle une avalanche de fleurs. On compta jusqu'à deux cent cinquante bouquets réunis sur la scène : il fallut trois voitures pour les emporter. Les fleurs les plus rares lui étaient

---

* En même temps que Mˡˡᵉ DE BUJANOVICS, se trouve en ce moment à Paris une autre cantatrice hongroise, Mˡˡᵉ SAROLTA ACZ, que l'on dit engagée au Théâtre-Lyrique pour chanter le rôle de contralto du *Lohengrin*.

chaque jour présentées à son entrée au théâtre, au nom des étudiants de l'Université. Enfin, Mlle DE BUJANOVICS vient de passer à Berlin les deux plus belles années de son existence d'artiste, et la jeune fille un moment entrevue à Paris en 1861 nous revient, en 1868, après avoir fait d'immenses progrès. Tous ceux qui l'ont entendue à l'étranger en font le plus brillant éloge; Alexandre Dumas lui consacre une page entière de son journal, page éloquente et poétique, comme il les sait écrire, et qu'on doit être fier de mériter. M. Bagier l'a connue à Madrid : laissera-t-il échapper cette occasion de doter son théâtre d'une nouvelle étoile pour la saison prochaine?

Mlle SAROLTA de BUJANOVICS est de noble race hongroise. C'est une ravissante femme, d'assez grande taille, gracieuse au possible, avec de beaux cheveux chatains, des lèvres de pourpre, de très-grands yeux brun-noir, veloutés, doux à faire rêver, qu'ombragent de longs cils légèrement arqués. La physionomie est d'une beauté peu commune, le teint d'une délicatesse de ton exquise.

Née à Pesth, la charmante Hongroise trahit dès l'âge le plus tendre un besoin inné de chanter. Un dimanche, à la messe, les habitants du village de *Pichel*, où se trouvait le château des Bujanovics, furent tout surpris d'entendre une voix jeune et fraîche, toute vibrante d'un pieux enthousiasme, entonner le *Kyrie*, chanté d'ordinaire par un vieux maître de chapelle. Le vieux musicien était malade et son élève le remplaçait. Après ce modeste et touchant succès et devant la ferme volonté de l'enfant, on dirigea spécialement ses études vers la musique ; elle fut d'abord excellente pianiste; plus tard, sa famille, peu favorisée de la fortune, vendit le château et le modeste bien de Pichel pour venir à Paris confier la future cantatrice au célèbre Alary.

La voix de la SAROLTA est un soprano ; elle a chanté presque tout le répertoire dramatique et bouffe, *Rigoletto, la Traviata, il Trovatore, la Linda, Crispino e la Comare, i Puritani, Poliuto, Lucrezia, il Barbiere, Robert le Diable, les Huguenots, Faust, Roméo et Juliette* : elle a créé, à Naples, le rôle du page dans le *Ballo*, et à Madrid celui d'*Amalia de Simon Boccanegra*, qu'elle chantait avec Fraschini et Giraldoni. Ses rôles favoris sont les rôles de sentiment : elle excelle surtout dans *Faust, la Traviata* et *les Puritains*. Sa parfaite éducation, sa facilité à apprendre et à parler toutes les langues, lui permettent de chanter indifféremment tous ses rôles en français, en allemand, en italien, en espagnol et en anglais.

Paris, 12 mai 1868.

P. NORABEL.

Paris. — Typographie Blanchère et fils, rue du Boulevard, 7.

Mlle MARIE ROZE

COLLECTION CRÉMIÈRE

PHOTOGRAPHE DE LA MAISON DE L'EMPEREUR

28, RUE DE LAVAL, 28

MLLE MARIE ROZE

Chacun reconnaît qu'en France, l'enthousiasme en fait de théâtre est singulièrement
modéré quand il s'agit de chanteurs nationàux : je n'y connais pas de succès aussi rapide, aussi
complet que celui qu'a remporté cette jeune et gracieuse artiste. A peine sortie du Conservatoire,
on l'engage à l'Opéra-Comique : son talent, les prix qu'elle avait remportés lui donnaient toute
espèce de droits à cette admission; mais ce qui est plus extraordinaire, c'est qu'on lui donne de
suite des rôles, et de vrais rôles! Elle chante *Marie*, la servante de *Fra-Diavolo*, Benjamin de
Joseph, *la Dame blanche*, *le Pré aux Clercs;* enfin, elle obtient deux créations, Thérèse du *Fils
du Brigadier*, et Djelma du *Premier Jour de bonheur* et imprime à ce dernier personnage un
cachet d'individualité, de grâce mélancolique que personne peut-être après elle ne parviendra à
retrouver. Notre grand Auber l'avait appréciée dès son entrée au Conservatoire; le succès qu'elle
obtint dans *Marie* vint confirmer son jugement : depuis la regrettée Mlle Lefebvre, on n'avait
pas vu un aussi charmant Benjamin : la création de Djelma était donc bien due à MARIE ROZE,
et le public, la critique entière, sont venus confirmer le choix du maestro par des applaudisse-
ments unanimes.

MARIE-HIPPOLYTE PONSIN, dite MARIE ROZE, est née à Paris en 1846, et montra dès l'enfance des
dispositions toutes particulières pour la comédie. A l'âge auquel les petites filles jouent encore
à la poupée, son bonheur était de participer à quelque charade en action, tour à tour perdant
sa taille mignonne dans les costumes de sa mère ou drapée tragiquement dans une étoffe à
longs plis. Son éducation se fit en Angleterre (aussi parle-t-elle l'anglais comme une fille d'Al-
bion, et peut-être un jour la verrons-nous paraître avec éclat à Drury-Lane ou à Covent-Garden).
Rentrée en France, elle devint élève du Conservatoire et fut tout aussitôt remarquée. A sa
première année de concours, la deuxième de ses études, elle remporte le deuxième prix de
chant : on ne décerna pas cette année le premier prix, qui lui eût été donné, si, d'après les règle-

ments du Conservatoire, cet honneur ne lui eût ôté le droit d'y continuer ses études. L'année d'après, elle obtient, avec une supériorité très-marquée, les premiers prix de chant et d'opéra-comique, et M. de Leuven l'engage immédiatement.

Vous ne voulez pas de biographie, mademoiselle, je suis donc réduit à cet exposé concis de vos jeunes années. Vénus sortit un jour de l'onde, toute resplendissante de beauté, et l'Univers fut à ses pieds : comme elle, vous n'avez qu'à paraître, les poëtes accordent leur lyre, les peintres prennent leur pinceau, tous peut-être rendront avec vérité le reflet doré de vos beaux cheveux châtains, la blancheur rosée de votre teint si pur; mais qui réussira à peindre votre capricieux regard, tantôt doux comme celui de la gazelle, tantôt sombre et profond comme celui de la Médée, et votre œil changeant, passant de la couleur du jais au bleu foncé de la mer africaine, pour revenir tout à coup presque brun avec des reflets fauves et magnétiques? J'aurais voulu dire encore que vos dents sont de perle, que votre taille est charmante; mais je ne suis pas peintre, mademoiselle, et vous m'avez défendu d'être poëte.

Paris, 30 juin 1868.

P. NORABEL.

Paris. — Typographie Hennoyer et fils, rue du Boulevard, 7.

MME CAROLINE CARVALHO

COLLECTION CRÉMIÈRE

PHOTOGRAPHE DE LA MAISON DE L'EMPEREUR

28, RUE DE LAVAL, 28

MME CAROLINE CARVALHO

Madame CARVALHO est née à Marseille, où son père, M. Miolhan, avait pris sa retraite, après de longs et consciencieux services comme premier hautbois à l'Académie royale de musique. Restée orpheline de bonne heure, CAROLINE MIOLHAN fut élevée par ses frères, musiciens tous deux, dont l'un, excellent violon, mourut à la Nouvelle-Orléans, et l'autre est demeuré l'un de nos meilleurs pianistes. Elle entra au Conservatoire de Paris en 1843, dans la classe de Duprez, et obtint le premier prix de chant dès son premier concours, après deux années d'études. Duprez lui continua ses leçons pendant un an encore, puis elle fut engagée à l'Opéra-Comique. où elle débuta avec succès, en 1851, dans *Giralda*. Sa voix, d'un timbre délicat et pur, avait alors peu de volume. Les *Noces de Jeannette* commencèrent à mettre en lumière son gracieux talent. Elle resta cinq ans à l'Opéra-Comique et y chanta tout le répertoire (les Damoreau et les Lavoye), se faisant surtout remarquer dans *l'Ambassadrice* et dans *le Pré aux Clercs*. Lorsqu'elle quitta ce théâtre, en 1856, M. Auber la fit entrer tout aussitôt au Théâtre-Lyrique, sous la direction Pellegrin. A partir de ce moment, la renommée de Mlle MIOLHAN grandit avec une rapidité sans égale; *la Fanchonnette* fut son premier triomphe; *la Reine Topaze* fut jouée cent cinquante fois de suite. CAROLINE MIOLHAN avait été applaudie à la salle Favart, mais ce fut après '*la Fanchonnette* seulement qu'on l'apprécia à sa juste valeur. En 1853, elle épousa M. Carvalho, artiste de son premier théâtre, qui prit bientôt la direction du Théâtre-Lyrique.

Sous cette administration large et intelligente, ce théâtre se transforma et devint le temple principal de la grande musique à Paris. Madame CARVALHO en fut dès le commencement et en resta jusqu'à la fin la déesse, l'idole brillante que chacun voulut admirer et applaudir. Elle chanta successivement *les Noces de Figaro*, *Mireille*, *Philémon et Baucis*, *la Flûte enchantée*, *la Perle du Brésil*. J'ai tout exprès réservé pour la fin *Faust* et *Roméo et Juliette*. Gounod avait compris le sens exquis de la grande cantatrice; le rôle de Marguerite était vraiment créé pour cette organisation poétique : Madame CARVALHO se l'incarna en quelque sorte; personne ne le chanta, personne ne le chantera comme elle : elle s'y révéla tout simplement la première cantatrice de l'époque.

En 1867 parut *Roméo et Juliette.* Le triomphe fut plus grand pour l'artiste que pour le compositeur. A ce dernier on pouvait reprocher quelques réminiscences ; la première apparaissait au contraire sous un jour tout nouveau. La douce et timide Marguerite devenait une Juliette fière et passionnée. Dès le chœur magistral du premier acte, l'immense talent de la chanteuse se révélait : ce chant calme, élevé, ce style large, lumineux, si j'ose ainsi m'exprimer, frappait tout d'abord d'une stupeur soudaine : ces accents si purs tranchaient avec une sonorité étrange sur les masses chorales, qui n'en semblaient que l'accompagnement, et produisaient un effet merveilleux ; l'enthousiasme n'éclata qu'après la dernière note du prologue, mais suivit *crescendo* jusqu'à la fin de l'ouvrage. A peine reconnaissait-on la voix de CAROLINE MIOLHAN; cette voix, dont jadis, à l'Opéra-Comique, on n'admettait que l'agilité étonnante, l'égalité parfaite, se révélait tout à coup d'une singulière virilité : les notes graves avaient pris une sonorité splendide, le médium avait gardé sa douceur et son charme, la partie aiguë sa souplesse de vocalise et ses *staccati* les plus hardis. Madame CARVALHO était arrivé au *nec plus ultrà* de l'art, et désormais l'on pouvait dire aux cantatrices de l'avenir : « Vous n'irez pas plus loin ! »

Madame CARVALHO a essayé de la carrière italienne; elle fit quatre saisons à Londres, où elle obtint de grands succès dans *Rigoletto, le Barbier, le Pardon de Ploërmel, les Huguenots, Robert le Diable* et *Guillaume Tell.* Elle chanta aussi à Berlin, et tout récemment son court séjour à Bruxelles lui a conquis de nouveaux lauriers.

Avec un courage digne d'éloges, elle s'est associée aux efforts de son mari : après une persévérance rare, après avoir mérité de l'art et du pays par ses essais pour ramener les masses aux vrais chefs-d'œuvre, le Théâtre-Lyrique tombe dans toute sa gloire. Je n'ai pas à rechercher ici les causes de cette chute déplorable à tous égards; madame CARVALHO n'a jamais voulu séparer ses intérêts de ceux de son époux : les magnifiques appointements qu'elle gagnait à son théâtre et même pendant ses congés, s'engloutirent tout entiers dans la caisse de l'administration : heureusement, la vaillante femme a de nombreuses années à elle, un bel avenir lui appartient encore ; l'étranger lui fait des offres splendides : puisse-t-elle nous rester et bientôt nous ramener les brillantes soirées de *Faust* et de *Roméo !*

Paris, 25 juillet 1868.

P. NORABEL.

Paris. — Typographie Hennuyer et fils, rue du Boulevard, 7.

MLLE MARIE SCHRŒDER

MLLE MARIE SCHRŒDER

Mademoiselle SCHRŒDER est Prussienne : son père est propriétaire d'une grande maison de commerce à Breslau, en Silésie, et sa famille, protestante, la fit élever chez les frères moraves, qui lui apprirent les principes de la musique. Dès l'âge de trois ans, elle fredonnait les chansons populaires de l'Allemagne; à neuf, elle chantait un hymne dans une cantate à l'occasion d'une solennité religieuse. Schnorr de Carolsfeld, un grand ténor allemand que nous ne connaissons pas à Paris, vint l'entendre, et sa femme, Mme Garrick, demanda en plaisantant à la jeune MARIE si elle voulait chanter au théâtre avec elle. Dès ce moment, et malgré les refus et les habitudes austères de son entourage, l'enfant visa toujours au même but.

Son père lui fit apprendre le piano, sur lequel elle devint de première force; puis, à seize ans, elle commença à Berlin l'étude sérieuse du chant sous la direction du ténor Mantius. A Mme Viardot-Garcia était réservée la tâche de perfectionner ce bel organe. MARIE SCHRŒDER reçut ses premières leçons à Baden-Baden, et chaque année, pendant l'été, retourne demander quelques conseils à la grande cantatrice.

La voix de Mlle SCHRŒDER est un soprano très-étendu. Un excellent médium, des notes élevées pleines d'éclat, lui permettent de chanter tous les rôles de mezzo-soprano et de soprano du répertoire, mais sa haute taille, ses traits caractérisés, sa noble prestance, la réservent de préférence au drame lyrique. Grâce à sa parfaite connaissance de plusieurs langues, elle a travaillé tous les ouvrages des maîtres allemands, italiens et français, et peut être tour à tour Desdémone, Valentine ou Lucrezia. Ses magnifiques notes graves, qui tiennent presque de la voix de contralto, et dont le rôle d'Agathe dans le *Freyschütz* nous a donné une faible idée, lui ont valu de beaux succès dans la musique sacrée, à Bade, à Francfort, à Bâle, à Strasbourg, à Mulhouse où elle a chanté les soli d'oratorios de Mendelssohn et d'Haëndel, avec une maëstria étonnante chez une aussi jeune personne.

En 1867 seulement, son père, vaincu par les prières et la volonté de sa fille, cédant aux conseils de Mme Viardot, se décida à la laisser débuter. M. Carvalho l'engagea au Théâtre-Lyrique, où elle débuta le 25 février dans le *Freyschütz*, et chanta ensuite Gilda de *Rigoletto*, Pamina de *la Flûte enchantée* et Marguerite de *Faust* avec un succès éclatant, bien qu'on pût cependant lui reprocher une prononciation trop franchement germanique, surtout dans le dialogue, prononciation qu'elle combat, du reste, de tout son pouvoir, et qu'elle sera rapidement parvenue à vaincre. Mlle Schrœder est toujours engagée au Théâtre-Lyrique, et doit y créer le rôle d'Elsa du *Lohengrin*, si les derniers événements accomplis ne viennent pas résilier forcément son engagement. L'Allemagne et la Belgique lui ont fait déjà de belles propositions : sa modestie seule lui a fait ajourner celles de M. Perrin. Agée de vingt ans à peine, et devant nécessairement arriver à l'Opéra, elle ne veut y paraître qu'au moment où un travail opiniâtre aura entièrement modifié son accent.

Marie Schrœder a tout à fait le physique des emplois lyriques; il serait à désirer qu'on réussît pour elle à monter *Norma*. Sa haute taille, ses bras magnifiques, sa démarche pleine de dignité naturelle, semblent faits pour porter la tunique de lin de la prêtresse gauloise; ses cheveux châtain foncé aux reflets d'or, son œil brun, bordé de cils épais, sa voix puissante et bien timbrée en feraient une superbe Norma.

Paris, 30 juin 1868.

P. Norabel.

Paris — Typographie Hennoyer et fils, rue du Boulevard, 7.

9 782329 350745